Un clandestin aux Paradis

Des textes d'un seul souffle. Les émotions secrètes trouvent leur respiration dans la parole.

Des textes à murmurer à l'oreille d'un ami, à hurler devant son miroir, à partager avec soi et le monde.

Vincent Karle

Un clandestin aux Paradis

Vocabulaire par
Laure Soccard

Pour Lauriane et Aurélien,
pour que ce récit ne soit
pas un jour le leur.

Ernst Klett Sprachen
Stuttgart

1. Auflage   1 17 16 15 14 13 | 2029 28 27 26 25

Alle Drucke dieser Auflage sind unverändert und können im Unterricht nebeneinander verwendet werden.
Die letzte Zahl bezeichnet das Jahr des Druckes. Das Werk und seine Teile sind urheberrechtlich geschützt. Jede Nutzung in anderen als den gesetzlich zugelassenen Fällen bedarf der vorherigen schriftlichen Einwilligung des Verlags. © der Originalausgabe: Actes Sud, Arles, 2009.

Redaktion: Elena Bergmann
Layoutkonzeption: Elmar Feuerbach
Gestaltung und Satz: Satzkasten, Stuttgart
Umschlaggestaltung: Elmar Feuerbach
Titelbilder: Stockphoto, Calgary, Alberta (Hintergrund); Corbis GmbH, Düsseldorf / Owen Franken (Kamerafenster)
Bild des Autors: Klett-Archiv / © Cathy Karle
Druck und Bindung: Digitaldruck Tebben GmbH, Biessenhofen

Printed in Germany
ISBN-13: 978-3-12-592267-9

Table des matières

C'est ma faute.

Ce qui est arrivé, je l'ai pas voulu.

Je l'ai pas voulu mais c'est arrivé quand même, et maintenant voilà, il est trop tard pour réparer.

Quand ils sont venus, c'était pour me chercher, moi, mais finalement c'est lui qu'ils ont emmené, et moi je suis resté.

Aujourd'hui je suis seul, et lui, je ne sais pas où il est.

Son nom c'est Zaher.
C'est afghan.
Moi c'est Matéo.
Il paraît que c'est français.

---

5 **réparer** *ici* : corriger les conséquences négatives d'un acte, d'une parole, d'une situation – 8 **emmener qn** prendre qn avec soi – 14 **il paraît que** on dit que

Au début je l'aimais pas.

C'est pas qu'il était pas sympa, c'est pas qu'il était étranger, c'est juste que personne le connaissait. Il est arrivé aux Paradis après la rentrée. Il paraît qu'il débarquait tout droit d'Afghanistan, on racontait qu'il avait fui la guerre avec sa famille. Il a atterri dans notre classe, et il avait une sœur qui est allée à la maternelle à côté.

L'Afghanistan, c'est les potes à Ben Laden qui ont fait sauter les tours à New York, alors nous on se méfiait, quoi, c'est normal. Je l'ai surnommé le Taliban. C'est un mot qu'on entend tout le temps à la télé.

Lui il disait rien, il comprenait pas grand chose, faut dire, mais "taliban", il avait l'air de comprendre et ça le faisait bien chier, alors moi j'en rajoutais.

---

6 **débarquer d'un endroit** venir d'un endroit – 8 **atterrir** *ici* : arriver – 12 **faire sauter** *ici* : faire exploser – 13 **se méfier de qn** ne pas avoir confiance en qn – 14 **surnommer qn** donner un *surnom* (Spitzname) à qn – 19 **faire chier qn** *vulg* énerver qn

Il portait une espèce de chapeau en laine marron, comme un moule à tarte renversé sur la tête, on arrêtait pas de le charrier. Il l'enlevait seulement en
5 classe, et dessous il avait un bonnet tout fin, très court, un peu comme la kippa des juifs mais en version jaune. Le premier jour il a parlé au prof, je sais pas comment il s'est fait comprendre,
10 mais le prof lui a permis de garder son bonnet, alors que nous, on doit enlever nos casquettes, sinon il commence pas le cours et ça fait plein d'emmerdes.

Quelques semaines après son arrivée on
15 s'est battus.

J'avais juste pris son chapeau à tarte et je l'avais essayé en rigolant : "Hé, regardez, je suis un taliban !" Il s'est jeté

1 **une espèce de qc** une sorte de qc – 1 **un chapeau** Hut – 2 **la laine** Wolle – 2 **un moule à tarte** une forme pour faire cuire les tartes – 3 **renversé, renversée** verkehrt herum – 4 **charrier qn** *fam ici :* se moquer de qn – 5 **un bonnet** Mütze – 7 **un juif** Jude – 12 **une casquette** un képi – 12 **sinon** sonst – 13 **une emmerde** *vulg* un problème – 18 **se jeter sur qn/qc** sich auf jdn/etw stürzen

sur moi, il se débrouillait déjà un peu en français, il a crié : "Les talibans, ils ont tué mon grand-père, si tu me dis encore une fois « taliban » je te tue !!!" Putain,
5 ça m'a rendu fou, je me suis mis à le frapper, lui il tapait de son côté, il a fallu un prof plus un pion pour nous séparer ! Il criait et il pleurait je sais pas quoi dans sa langue.

10 Toute la classe nous regardait et personne disait rien. Ils l'observaient en silence, comme si ça changeait les choses. Je l'ai détesté pour ça. Parce que moi aussi mon grand-père est mort, il
15 a été tué à la guerre en Algérie, mais ça personne le sait. Je l'ai détesté mais je l'ai plus appelé Taliban.

On s'est fait la gueule pendant un moment, mais ça m'emmerdait parce
20 que petit à petit les autres devenaient

---

4 **putain** *vulg* merde – 6 **frapper qn** battre qn – 6 **taper** frapper – 7 **un pion** un surveillant dans une école – 7 **séparer qn de qn** éloigner l'un de l'autre – 18 **se faire la gueule** *vulg* ne plus parler avec qn – 19 **s'emmerder** *vulg* s'énerver

potes avec lui. Faut reconnaître qu'il savait y faire, il apprenait vite et il se débrouillait de mieux en mieux pour baragouiner. Et puis, il avait pas l'air de me garder rancune. Je me suis dit que j'avais déconné.

L'Afghanistan c'est aussi le paradis du haschich, alors nous on l'avait tous pris pour un dealer. Un soir qu'on attendait le bus je lui ai offert une taffe. À voir comment il l'a aspirée j'ai compris qu'il avait jamais fumé en fait ! Ça m'a fait marrer mais il a vu que c'était pas méchamment, il a rigolé aussi, et bon, on s'est dit qu'on pouvait bien se parler au moins, vu qu'en plus, il habitait pas loin de chez moi et on faisait souvent le chemin ensemble jusqu'au bahut.

---

1 **(il) faut reconnaître** il faut avouer – 4 **baragouiner** parler mal une langue en la prononçant incorrectement – 5 **garder rancune à qn** jdm etw nachtragen – 6 **déconner** *vulg* dire et faire des bêtises – 11 **une taffe** *fam* Zug (z.B. an einer Zigarette) – 11 **aspirer** *ici* : einatmen, (ein)ziehen – 13 **faire marrer qn** *fam* faire rire qn – 19 **le bahut** *fam* un collège, un lycée

On écoutait les mêmes musiques, je savais pas qu'ils connaissaient le reggae en Afghanistan. On mettait nos portables à fond dans le bus, ça faisait
5 fuir les vieux et on se calait sur les fauteuils. Il était vraiment doué pour les langues. Français, anglais, espagnol, putain, en trois mois il nous a tous rattrapés ! Il m'aidait pour les devoirs.
10 Moi je lui ai montré mon appareil. Je fais des photos, j'ai toujours mon appareil sur moi, c'est un cadeau de mes parents pour mes quinze ans. Il en avait jamais vu de pareil, il voulait comprendre
15 comment ça marche.

C'est un numérique. Je peux prendre autant de photos que je veux, j'ai une carte mémoire de huit gigas, alors je mitraille. Je prends tout ce qui se
20 présente, les copains, le lycée, ma

---

4 **à fond** *fam* avec force – 5 **se caler** *ici :* s'installer confortablement – 6 **un fauteuil** Sitz – 6 **être doué pour qc** avoir du talent pour qc – 14 **de pareil** so etwas – 17 **autant de** tant de – 18 **une carte mémoire** Speicherkarte – 19 **mitrailler** *ici : fam* photographier sans arrêt

famille. J'aime bien prendre des trucs pas intéressants, mais qui m'attirent l'œil, genre le rayon de soleil qui tombe sur un siège vide dans le bus le matin.

5 Clic, le rayon. Clic, le nuage en forme d'os. Clic, l'oreille d'une fille vue de derrière avec six piercings. Je peux pas m'en empêcher, je réfléchis pas, je bombarde, c'est tout.

10 Le soir sur mon lit, je les regarde toutes et après coup, comme ça, je les trouve moches. Je sais plus du tout pourquoi je les ai prises, je comprends pas mais ça me fait le coup à chaque 15 fois, j'y trouve plus aucun intérêt. Au contraire ça m'énerve de passer autant de temps pour qu'à la fin, il y en ait pas une de bonne. Je suis toujours déçu, j'ai beau m'y attendre depuis le temps, ça 20 me fout en rogne et je les efface.

2 **attirer** retenir l'attention de qn – 3 **genre** *fam* quelque chose comme – 3 **un rayon de soleil** Sonnenstrahl – 4 **un siège** *ici :* une place – 8 **empêcher qn de faire qc** arrêter qn – 9 **bombarder** *ici :* prendre rapidement beaucoup de photos à la suite – 11 **après coup** après – 12 **moche** ≠ beau – 14 **faire le coup à qn** arriver à qn – 15 **trouver de l'intérêt à qc** être intéressé par qc – 20 **foutre qn en rogne** *fam* énerver qn – 20 **effacer** faire disparaître qc

Zaher, il nous a appris des mots dans sa langue. Quand on veut parler entre nous sans que les autres comprennent, on parle en pachtoun. *Tchetôr astin*,
5 Comment tu vas ? *Khub astin*, Ça va bien ? Son chapeau, ça s'appelle un pakol. Bon, ça limite les conversations parce qu'on est vachement moins bons que lui, mais les gros mots, c'est plus
10 facile, ça fait qu'on peut insulter les mecs tranquille.

Aussi, il écrit en arabe, c'est des mots comme des dessins, on appelle ça des calligraphies. Un soir il nous a écrit son
15 nom sur le mur derrière le gymnase, avec plein de spirales autour, ça fait des graffitis mais vachement plus beaux je trouve.

---

4 **le pachtoun** *la langue d'une ethnie d'Afghanistan portant le même nom* – 8 **vachement** *fam* beaucoup – 9 **un gros mot** Schimpfwort – 10 **insulter** dire des gros mots – 14 **une calligraphie** des lettres biens formées – 16 **autour** um … herum

Un jour j'ai pris en photo son pakol qui était posé sur une chaise. Il a voulu voir les photos sur l'écran, il a rigolé puis il me l'a posé sur la tête. Il a ri encore plus et il a voulu me tirer le portrait à moi. Je lui ai filé mon appareil, puis je l'ai pris lui, avec son bonnet de juif. Là j'ai su qu'il m'avait pardonné pour de bon.

Cette photo, pour la première fois je l'ai pas effacée. Je l'ai imprimée avec l'autre et je lui ai donné les deux, la sienne et la mienne. C'est pas qu'elles étaient terribles, mais bon, j'en étais pas trop mécontent. Plus tard je lui ai demandé : "Pourquoi tu l'enlèves jamais ton bonnet ?" Il m'a regardé longtemps, il a rien dit, juste il a vérifié si personne nous voyait, et il a soulevé son bonnet très vite : sur un côté de sa tête il avait les cheveux tout brûlés.

---

5 **tirer le portrait à qn** *fam* photographier qn – 6 **filer qc à qn** *fam* donner qc à qn –
8 **pardonner** → pardon – 8 **pour de bon** vraiment – 10 **imprimer qc** etw (aus)drucken –
14 **mécontent, mécontente** ≠ content – 17 **vérifier** *ici :* regarder – 18 **soulever** → lever

C'était juste avant les vacances d'hiver.

On était en cours avec M. Lopez, on parlait de Bagdad.

M. Lopez c'est notre prof d'histoire-géo. "L'Histoire avec sa grande hache", il lance comme ça, même si c'est pas de lui, je le sais parce que c'est lui qui me l'a dit. Ce qu'on aime, c'est qu'il nous raconte l'Histoire comme une histoire. Souvent il part dans des récits qui sont pas dans le cours, mais on apprend quand même plein de trucs, c'est ça qui nous plaît.

C'est notre prof préféré je crois, parce qu'on peut parler de tout avec lui, il est toujours prêt à nous écouter quand on a des questions. On rigole bien, mais faut pas broncher. Quand il s'énerve, ça chie. Un jour, pour déconner je lui ai dit que nous, on préférait "l'histoire avec un petit hasch", je me suis fait coller trois

---

5 une °**hache** Axt – 6 **lancer** *ici :* dire qc – 10 **un récit** une histoire – 18 **broncher** montrer qu'on n'est pas d'accord – 18 **ça chie** *fam ici :* ça ne rigole pas – 21 **se faire coller** nachsitzen müssen

heures et il m'a pris entre quat'z'yeux, comme il dit…

En ce moment, on étudie le Proche-Orient, c'est pas au programme mais
5 il dit que c'est important de le faire, parce que les journaux en parlent tout le temps et disent n'importe quoi. C'est le seul prof qui ose nous parler de la télé, il dit : "Si vous la regardez, au moins
10 regardez-la bien. Écoutez les infos en détails et après, vérifiez-les par vous-mêmes !" Autant les affluents de la Loire, on se les est tapés au premier trimestre et on en avait rien à foutre, autant on est
15 en train de devenir incollables sur l'Irak, le Pakistan…

Sur l'Afghanistan, on a Zaher pour corriger la télé. Certains matins, M. Lopez il ouvre pas le livre au début
20 du cours, à la place il lance : "Bon, vous

---

3 **le Proche-Orient** Naher Osten – 8 **oser faire qc** avoir le courage de faire qc – 10 **les infos** *abrév* informations (Nachrichten) – 12 **autant … autant …** so sehr … so sehr – 12 **un affluent** Nebenfluss – 13 **se taper qc** *fam ici :* apprendre, faire qc en cours – 14 **ne rien en avoir à foutre de qc** *pop* ne pas être intéressé par qc – 15 **devenir incollable sur qc** tout savoir, tout connaître sur qc

avez vu le reportage sur Kaboul hier soir ? Qui nous le résume ?"

Et ensuite, il nous ré-explique ce qui s'est vraiment passé, par exemple que
5 c'est pas un pays musulman à l'origine : ils ont été vaincus par les Arabes, mais au début, ils étaient bouddhistes. Et quand il est pas sûr, il demande à Zaher. Il la connaît bien, l'histoire de son pays,
10 vachement mieux que nous l'histoire de France en tout cas. C'est son grand-père qui la lui a apprise quand il était petit. Il nous explique que c'est pas celle qu'on enseigne officiellement depuis les
15 talibans. Souvent il nous la raconte, par petits bouts, même M. Lopez l'écoute. Un jour, Zaher nous a amené une vieille carte de son pays, pliée en tout petits carrés et super abîmée. On l'a aidé à
20 la rescotcher de partout et il nous l'a

---

6 **vaincre qn** jdn besiegen – 11 **en tout cas** jedenfalls – 14 **enseigner qc** apprendre qc à qn – 16 **un bout** une petite partie – 17 **amener qc** apporter qc – 18 **plier** zusammenfalten – 19 **carré, carrée** à quatre côtés – 19 **abîmé** *ici* : vieux – 20 **rescotcher** recoller

donnée pour la mettre au mur à côté du tableau.

Bref, ce jour-là on parlait de Bagdad.

M. Lopez nous racontait la légende de la Ville ronde, il paraît qu'on la surnomme aussi la Ville d'Al Mansour, le Jardin donné ou le Don de Dieu. Il nous décrivait ses quatre portes, sa mosquée et son dôme étincelant, aux temps des califes de la dynastie des Abbassides.

D'un coup on entend des sons bizarres dans le lycée, des échos de voix dans les couloirs, des bruits de pas dans les étages. Ismaël regarde par la fenêtre, il se tourne vers nous, il est tout pâle. La rumeur court dans la classe. On dit : C'est la police. On dit : C'est une descente. On dit : C'est la brigade des stups.

---

7 **un don** un cadeau – 8 **une mosquée** Moschee – 9 **étincelant, étincelante** glänzend – 13 **un couloir** Gang – 16 **pâle** blanc (sur le visage) – 16 **une rumeur** Gerücht – 18 **une descente** *pour la police* un contrôle, une razzia – 18 **la brigade des stups** (= stupéfiants) le service de police qui s'occupe du trafic de drogue

La porte s'ouvre, des policiers en uniforme s'engouffrent. Ils se postent au fond et sur les côtés, ils nous encerclent, ils sont armés.

5   Un homme rentre avec un chien, un berger allemand muselé qu'il tient en laisse. M. Lopez s'avance devant lui, il lève les mains, il essaie de le ralentir. Il demande ce qui se passe, qui ils sont, ce
10 qu'ils font. Le plus gradé l'interrompt, c'est un commandant :

   – Silence ! C'est une opération de police, personne ne bouge, personne ne quitte son siège !

15   Je l'écoute pas, je regarde le chien. Il commence à fouiller partout.

Les Paradis, franchement c'est calme, c'est pas la zone.

---

2 **s'engouffrer** entrer – 2 **se poster** se placer – 3 **encercler qn** entourer qn en cercle – 4 **armé, armée** bewaffnet – 6 **un berger allemand** Deutscher Schäferhund – 6 **museler un chien** einem Hund einen Maulkorb anlegen – 6 **tenir en laisse** *pour un chien* an der Leine führen – 7 **s'avancer** aller en avant – 8 **ralentir** → lent – 10 **gradé, gradée** *ici :* avoir un grade dans la hiérarchie de la police – 16 **fouiller** chercher ce qui peut être caché, explorer – 17 **franchement** *ici :* vraiment – 18 **c'est pas la zone** *pop* la situation dans le quartier n'est pas mauvaise

C'est un drôle de nom, quand même. Quartier Paradis. C'est pas une cité, c'est pas la banlieue, juste un quartier en ville. Des magasins, un cinéma, une bibliothèque, notre école : groupe scolaire Paradis, le plus gros de la ville, de la maternelle jusqu'au bac ! De temps en temps il y a des bandes de mecs qui s'embrouillent vers le parc, mais autrement c'est calme. Il y a pas de voitures qui crament ni de vitrines qui explosent, on parle pas de nous aux infos, honnêtement c'est un coin normal. C'est pas le paradis non plus, mais bon. Les flics en patrouille, ils traversent, mais rarement ils s'arrêtent, c'est vrai.

Et là, on aperçoit les fourgons genre CRS garés sous nos fenêtres, le long du trottoir jusqu'au carrefour. Ils bouchent

2 **une cité** un quartier difficile – 7 **le bac** *abrév* le baccalauréat – 9 **s'embrouiller** *fam ici :* se disputer, se battre – 10 **autrement** *ici :* sinon – 11 **cramer** *fam* brûler – 11 **une vitrine** la fenêtre d'un magasin – 13 **honnêtement** ehrlich – 15 **un flic** *fam* un policier – 16 **rarement** ≠ souvent – 18 **un fourgon** *ici : pour les militaires* un véhicule pour le transport de matériel, de soldats etc. – 19 **un CRS** = compagnie républicaine de sécurité – 19 **garer** parken (→ un garage) – 20 **boucher** → un bouchon

toute l'avenue Jean-Moulin, les passants s'arrêtent, les gens roulent au ralenti en essayant de voir ce qui se passe. Il y a même un hélicoptère qui fait des cercles au-dessus de nos têtes. Sûr qu'on va se voir ce soir à la télé !

Le chien je le connais, je sais pourquoi il est là.

L'homme au chien, il ressemble à son chien. Non, il est plus moche que son chien. Le chien, de temps en temps il arrête de renifler partout. On dirait qu'il en a marre, il voudrait bien qu'on lui foute la paix. Mais le mec, il arrête jamais, il fout jamais la paix à son chien. Il enlève la muselière, il resserre la laisse autour de son cou, il le force à renifler encore, il l'encourage, il l'excite.

Sans lui, le chien, peut-être qu'il aurait envie de jouer, peut-être qu'il

---

1 **une avenue** une large rue – 2 **rouler au ralenti** rouler lentement – 12 **renifler** herumschnüffeln, beschnüffeln – 14 **foutre la paix à qn** *fam* laisser qn tranquille – 16 **une muselière** → museler (p. 20) – 16 **resserrer** fest ziehen – 17 **le cou** Hals – 17 **forcer qn à faire qc** obliger qn à faire qc – 18 **encourager qn** donner du courage à qn – 18 **exciter qn** *ici :* provoquer qn, mettre qn en colère

aurait envie de dormir. Je lui donnerais les barres de chocolat que j'ai dans mon sac, il les mangerait et après il s'allongerait par terre et il nous foutrait la paix. Il s'endormirait en bâillant et l'homme, il pourrait renifler lui-même s'il y tient vraiment. En fait, c'est lui le plus chien des deux.

M. Lopez fouille dans son cartable. Un policier lui demande de toucher à rien. M. Lopez lui montre son téléphone portable. Le policier s'avance vers lui :

– Vous ne devez pas utiliser votre téléphone. Vous ne devez appeler personne.

M. Lopez répond :

– Ce n'est pas un appel personnel, je dois simplement prévenir le chef d'établissement !

---

2 **une barre de chocolat** Schokoladenriegel – 5 **bâiller** gähnen – 9 **un cartable** un sac d'école – 18 **simplement** *ici :* seulement – 18 **prévenir qn de qc** informer qn de qc – 18 **un chef d'établissement** *ici :* la directrice du lycée

Il commence à taper le numéro. Le policier lui attrape le poignet, il crie :

– Tu poses ce téléphone, t'entends ! T'appelles personne !

5 Le téléphone tombe par terre. M. Lopez crie :

– Mais enfin, vous êtes fou ?

Il se tourne vers le commandant :

– S'il vous plaît, dites à cet homme de

10 me lâcher !

Le commandant répond :

– Vous ne devez pas appeler votre directrice. De toute façon, elle est déjà au courant !

15 Mon père aussi, il est policier. Si ça se trouve il bosse avec eux.

Il y a pas longtemps, c'est lui qui est venu dans les classes nous faire son discours sur la prévention. Il nous a

---

1 **taper le numéro** faire le numéro – 2 **un poignet** Handgelenk – 10 **lâcher qn** *ici* : laisser qn tranquille – 15 **si ça se trouve** *fam* peut-être – 16 **bosser** *fam* travailler

expliqué les dangers de la drogue pour la santé, toutes les catégories de produits stupéfiants, c'est comme ça qu'ils disent, la loi et ce qu'on risque si on désobéit.

5 Il avait un ordinateur qui projetait des photos. Putain, ils s'y connaissent mieux que nous dans ce business, les flics…

J'avais trop la honte, déjà que ma mère est prof ici, ça me fait une réputation de fils de famille, manquerait plus que je sois premier de la classe.

Il me jetait des coups d'œil en coin pendant son speech, mine de rien, il croyait que je le voyais pas. Tout ça c'est

15 vachement important pour lui. J'espère qu'il se doute de rien. Déjà quand j'ai coiffé mes cheveux en dreadlocks, il est devenu vert, mais s'il apprend que je fume, il me scalpe.

---

2 **un produit stupéfiant** une drogue – 4 **désobéir** *ici* : ne pas suivre la loi – 5 **projeter qc** *ici* : représenter une image sur un écran d'ordinateur – 10 **une réputation** Ruf – 12 **jeter un coup d'œil** regarder en direction de qn/qc – 12 **(regarder qn) en coin** jdn schief ansehen – 13 **un speech** [spitʃ] un discours – 13 **(faire) mine de rien** *fam* faire comme si de rien n'était – 16 **se douter de qc** avoir l'idée de qc – 17 **coiffer** frisieren – 18 **devenir vert** être en colère – 19 **scalper qn** *fam* jdn skalpieren

Il est toujours calme. Trop calme. Ça m'énerve. Il parle avec une voix grave, genre la force tranquille, le vieux sage qui maîtrise tout trop bien, mais en fait, à l'intérieur, je le connais, ça bout. C'est le contraire de ma mère. Elle, c'est plutôt le genre "Je te préviens une fois, la deuxième je t'aligne". Moi, je suis pareil, sauf que j'aligne d'entrée. Ben mon père, c'est l'opposé de nous, il prévient, il re-prévient, il triple-prévient, il sait que prévenir, il aligne jamais. Je sais pas comment il a pu devenir policier…

Lui, il dit que les flics sont là pour nous protéger. Que la police elle est pas contre nous mais avec nous, au service de la population. Qu'à l'école on doit se sentir en sécurité. Quand il dit ça je rigole, je lui réponds qu'il parle comme un homme politique et que c'est juste

3 **un sage** Weiser – 4 **maîtriser** contrôler – 5 **bouillir** *fam* être en état d'excitation, de colère, d'irritation – 8 **aligner qn** *vx* jdn bestrafen – 9 **d'entrée** dès le début – 10 **l'opposé** le contraire – 11 **triple** pour la troisième fois – 15 **protéger qn** jdn (be)schützen – 18 **se sentir en sécurité** ne pas se sentir en danger

des beaux discours. La vérité c'est que leur boulot c'est de nous faire chier au maximum. Que déjà quand on fait rien ils viennent nous emmerder, alors autant le mériter, ça change rien à la fin. De toute façon je finis toujours par m'énerver et on s'engueule.

Je sais pas ce que j'ai, depuis que je suis tout petit je me mets en colère trop vite, ça arrive comme ça, je suis calme, et d'un coup j'explose, je tape dans les murs, les portes, tout…

Mes parents m'ont emmené voir un psy, il a déclaré que je faisais des crises. Sans blague ? Et après, il a ajouté que ça serait à cause de mes parents, parce qu'ils représentent des "figures doubles de l'autorité" : policier et prof. Tu parles. "Pourquoi c'est moi que vous venez faire chier, alors ?!" je lui ai crié, et je suis parti.

1 **la vérité** ce qui est vrai – 5 **mériter** verdienen – 7 **s'engueuler** *fam* se disputer – 11 **taper dans qc** gegen etwas treten – 14 **un psy** [psi] *fam abrév* un psychologue – 15 **Sans blague ?** *ici : iron* im Ernst ?

Dans l'ensemble mes vieux ils sont quand même plutôt sympas, faut reconnaître, mais juste sur deux trois trucs, ils me lâchent pas. Déjà il y a les
5 crises, là, et puis ils me prennent la tête pour que je leur dise ce que je veux faire plus tard. C'est leur truc en ce moment, ça fait des conversations à table qui sont franchement lourdes :

10 – Enfin, qu'est-ce que tu veux faire plus tard ? Tu as bien une idée ?!

– Mais j'en sais rien, moi !!! Évidemment, toi, à sept ans tu savais déjà que tu serais flic jusqu'à ta mort, là,
15 mais moi, je suis pas comme toi !

– Alors je te préviens, d'abord tu vas arrêter de me parler comme ça, et ensuite tu vas arrêter d'être bête ! Tu vas arrêter de répondre la première
20 méchanceté qui te passe par la tête et

---

13 **évidemment** naturellement, certainement – 20 **une méchanceté** → méchant

tu vas réfléchir, parce que tu es tout sauf bête !

– Bon, qu'est-ce tu veux que je te dise ? J'en sais rien !

– Tu as le droit de ne pas savoir, mais dis-nous au moins que tu vas aller voir le conseiller d'orientation.

– Ma parole, c'est ma vie et c'est à vous que ça fait le plus peur, on dirait ! Qu'est-ce que vous avez tous à vouloir m'orienter, là ? J'en veux pas, de votre conseiller. J'en ai pas besoin, il y a déjà M. Lopez qui répond à nos questions quand on en a. Tiens, voilà ce que je veux faire : prof d'histoire-géo. Ça va, vous êtes rassurés ?

– Bon, pourquoi pas, mais alors, il faudrait peut-être travailler un peu plus en histoire-géographie…

---

7 **un conseiller d'orientation** une personne qui donne des conseils aux élèves concernant leur situation scolaire et leur avenir – 8 **ma parole** *interj* Das gibt's doch nicht! – 16 **rassurer** calmer

J'ai pas insisté, il y a des fois j'ai même plus la force de m'engueuler…

Pour l'instant je vois le chien qui vient droit sur moi. J'ai une boulette de shit cachée dans ma poche. C'est pas beaucoup mais c'est suffisant. Il renifle mon sac, il se met à gémir, sa queue fouette mes jambes, il bave sur mes baskets, il remonte vers moi, il me mordille le gras des cuisses. Le maître-chien le laisse salir mes affaires encore un petit peu avant d'empoigner mon sac. J'ai peur qu'il casse mon appareil photo.

Je serre les poings, je sais ce qui va se passer. Les autres me regardent par en dessous, j'ai pas envie de croiser leurs

---

1 **insister** *ici* : continuer une conversation – 2 **la force** Kraft – 3 **pour l'instant** pour le moment – 4 **une boulette** une petite boule – 5 **le shit** *fam* haschich – 7 **gémir** crier – 8 **une queue** Schwanz – 8 **fouetter (de la queue)** bouger nerveusement la queue – 8 **baver** sabbern – 10 **mordiller** an etw (herum)beißen – 10 **le gras** Fett – 10 **une cuisse** la partie supérieure de la jambe – 10 **un maître-chien** une personne qui dresse les chiens – 11 **salir** rendre sale – 12 **empoigner** prendre vivement et fermement – 15 **un poing** la main fermée – 16 **regarder qn par en dessous** jdn verstohlen anschauen – 17 **croiser le regard de qn** *ici* : rencontrer le regard de qn

regards. Ouais, je fume, c'est connu. C'est des types comme moi qu'ils cherchent, voilà, ils m'ont trouvé, je vais y passer et la classe va respirer, pour
5 cette fois. C'est comme ça, c'est le jeu, je le sais depuis le début. Ça rassure pas mais je suis pas surpris. Le chien attrape mon blouson, il tire dessus, la manche se déchire, j'essaie de me protéger, le
10 type me lance :

– Bouge pas ou il te bouffe un genou !

Il me fait lever et je vais les suivre lorsque le chien pousse un jappement étouffé. D'un coup il fourre sa gueule
15 dans le pull de Zaher. J'ai fumé à côté de lui après la cantine. Ses fringues sentent le joint. Le chien grogne en montrant les dents, Zaher roule des yeux terrorisés. Il aime pas les chiens et moi je sais

---

8 **tirer** ziehen – 8 **une manche** Ärmel – 9 **se déchirer** reißen – 11 **bouffer** *fam* manger –
11 **un genou** Knie – 13 **lorsque** quand – 13 **pousser un jappement** kläffen – 14 **étouffé,
étouffée** *ici* : un son rendu faible, sourd – 14 **fourrer qc dans qc** mettre qc dans qc –
16 **les fringues** *fpl fam* Klamotten – 17 **grogner** pousser un cri – 18 **terrorisé, terrorisée**
→ la terreur

pourquoi. Un flic l'empoigne à son tour, sans réfléchir je dis :

– Attendez, il a rien fait lui !

L'autre me pousse dans le dos :

5   – Silence ! Suivez-nous tous les deux !

Dehors il y a des flics partout, en faction devant les portes ouvertes, avec des armes à la main. Des fusils-mitrailleurs, je le connais ce modèle, c'est un MP5, 10 le même que celui de mon père. Devant chaque salle il y a des petits groupes comme le nôtre, séparés du reste de leur classe. J'aperçois Smaïl, Moussa, Patrick, Ousmane, Charlène, Ismaël, Déjdjé, 15 Mike, et d'autres que je connais pas.

Ils nous font descendre dans la cour, ils nous font tous aligner au fond, le nez contre le mur, avec nos sacs derrière nous, et défense de se retourner. Un

---

6 **(être) en faction** *militaire* Wache stehen – 8 **un fusil-mitrailleur** Maschinengewehr –
12 **séparé, séparée** ≠ ensemble – 17 **aligner** se mettre en ligne – 19 **la défense** *ici :*
l'interdiction

autre chien passe pour nous renifler, plus lentement. Je le sens qui me tourne autour, j'essaie de jeter un œil discrètement mais je peux rien voir. Une fois qu'il a fini, un type nous demande nos noms, prénoms, adresses, il note tout sur une liste puis repart avec.

On reste comme ça. C'est drôle, il y a pas de cris, pas de porte qui claque, ni verre brisé, ni coups contre les murs, rien. Le silence domine tout. C'est une ambiance bizarre, je sais pas, comme étouffée, on entend plus aucun bruit de la vie de l'école. Il y a juste, de temps en temps, le vacarme assourdissant de l'hélicoptère qui survole la cour. Au bout d'un moment il s'éloigne et il revient plus.

M. Lopez et les autres profs ont disparu. J'essaie d'apercevoir ma mère mais rien. À un moment la directrice

---

9 **un cri** → crier − 9 **claquer** *ici* : se fermer en faisant beaucoup de bruit − 10 **briser** casser − 15 **un vacarme** un grand bruit − 15 **assourdissant, assourdissante** ≠ silencieux

passe devant nous, elle marche vite, elle nous regarde pas, elle téléphone. Le bruit de ses talons résonne longtemps entre les quatre murs de la cour.

5   Il fait froid. J'ai mal au ventre. On fait rien d'autre que rester là debout. Personne vient nous voir, personne vient nous parler. Zaher cherche son pakol dans sa poche, les types le
10 braquent avec leurs fusils et lui disent de sortir ses mains. Il les lève au-dessus de sa tête, ils rigolent et lui disent de les baisser. J'ai une envie furieuse d'attraper mon appareil et de tout photographier.
15 À la place je prends des photos dans ma tête : clic, la crosse du flingue un peu éraflée. Clic, le flic qui se cure le nez. Clic, les nuages noirs qui dérivent lentement dans le ciel.
20   Finalement ils nous font rentrer.

---

3 **résonner** *ici* : se faire entendre, se répéter – 6 **debout** ≠ assis, allongé – 10 **braquer qn avec un fusil** orienter le fusil sur qn – 13 **baisser** ≠ monter – 13 **furieux, furieuse** *ici* : terrible, fou – 16 **une crosse** *pour une arme* : la partie du pistolet que l'on tient dans sa main – 16 **un flingue** *fam* un révolver, un pistolet – 17 **éraflé, éraflée** zerkratzt – 17 **se curer le nez** se nettoyer le nez – 18 **dériver** aller dans toutes les directions

Ils nous emmènent dans le réfectoire, ils font évacuer les cuisiniers et les femmes de ménage en les poussant dehors. Elles ont pas eu le temps de finir le ménage, c'est tout dégueu par terre, c'est la première fois que je retourne ici en dehors des repas, faut reconnaître qu'on leur donne du boulot.

Un flic tape dans ses mains :

– OK, tous à poil !

On se regarde, personne ne bouge.

– Allez ! il fait, tout le monde enlève ses vêtements et les pose devant lui ! Exécution ! Ceux qui savent traduisent pour les autres, on va pas le répéter en arabe ou en bamboula !

On enlève nos habits en silence. À la fin on hésite, on va quand même pas se désaper en plein ? On se regarde, on interroge les flics des yeux, ils nous

---

1 **un réfectoire** une cantine – 2 **évacuer** faire partir qn d'un lieu – 2 **une femme de ménage** Putzfrau – 5 **dégueu(lasse)** *fam ici :* sale – 10 **(se mettre) à poil** *fam* se déshabiller ≠ s'habiller – 14 **Exécution !** *ici :* Déshabillez-vous ! – 16 **en bamboula** *péj* en africain – 17 **°un habit** un vêtement – 18 **°hésiter** ne pas pouvoir se décider, ne pas savoir quoi faire – 19 **se désaper** *fam* se déshabiller – 19 **en plein** totalement

dévisagent sans un mot, finalement je dis :

– M'sieur, faut vraiment tout enlever ?

Le mec rit :

5 – À ton avis ?

– Ben j'sais pas.

Il se plante devant moi :

– Allez, restez comme ça, on en a assez vu, on n'est pas des bêtes !

10 Il y a un jeune flic, pendant que ses copains fouillent nos vêtements il nous surveille. Il ose plus nous regarder. Quand il nous a fait entrer il gueulait en même temps que les autres. Maintenant 15 qu'on est là, en rang devant lui, il regarde ailleurs. Il a l'air gêné d'être le seul habillé dans la pièce !

Je tremble de la tête aux pieds, ça me fait chier ! Je veux pas leur montrer que

---

1 **dévisager qn** regarder avec attention le visage de qn – 7 **se planter devant qn** se mettre devant qn – 12 **surveiller qn** garder qn – 13 **gueuler** *fam* crier – 16 **ailleurs** *adv ici* : dans une autre direction – 16 **gêné, gênée** confus, troublé, timide – 18 **trembler** zittern

j'ai peur, mais j'arrive pas à m'arrêter. J'ai le nez en crue et plus rien pour m'essuyer. Je me mouche par terre. Le flic me lance :

5   – Oh, tu te crois où là, tu trouves que c'est pas assez sale ici ?!

Je m'essuie dans mes doigts, je les frotte pour faire sécher, mais mon nez coule toujours. Je continue de shooter

10 en silence : clic, les bottes à crampons qui brillent sous les néons. Clic, les potes en calbuts : Zaher tout maigre, Ousmane obèse, Mike plein de muscles.

Ils retournent nos vêtements, ils

15 tirent dessus, certains se déchirent, le chien bave, puis ils les jettent par terre, ils tombent dans les restes de bouffe mélangés aux traces de chaussures. À la fin ça fait un gros tas

20 tout en vrac au milieu du réfectoire,

---

2 **en crue** *ici :* qui coule – 3 **s'essuyer** *ici :* sich die Nase putzen – 3 **se moucher** sich schnäuzen – 8 **frotter** *ici :* passer un doigt sur un autre en appuyant – 8 **sécher** →
sec – 10 **une botte** Stiefel – 10 **un crampon** Spike – 11 **briller** glänzen – 12 **un calbut** *arg*
un caleçon (Unterhose) – 12 **maigre** ≠ gros – 13 **obèse** très gros – 18 **la bouffe** *fam* la
nourriture, à manger – 18 **mélangé, mélangée** gemischt – 20 **en vrac** *adv* chaotique,
non rangé

sacs-futals-godasses. D'autres classes descendent dans la cour, par les vitres ils nous regardent nous rhabiller. Il y a aussi des flics femmes, elles s'occupent des filles, on les voit se diriger vers le gymnase.

Deux flics rentrent, suivis du commandant. Ils examinent la liste, ils appellent :

– Zaher Arash ?

Zaher baisse les yeux et lève la main.

– C'est toi Zaher Arash ?

Zaher fait signe que oui.

– Réponds, c'est toi Zaher Arash ?!

– Oui, m'sieur.

– Suis-nous !

Je vais pour le retenir, il me fait signe que non. Le commandant m'a vu, il me dit :

---

1 **un futal** *fam* un pantalon – 1 **une godasse** *fam* une chaussure – 2 **une vitre** une fenêtre – 3 **se rhabiller** s'habiller à nouveau – 5 **se diriger vers qn/qc** aller, prendre la direction vers qn/qc – 8 **examiner** regarder avec une grande attention – 17 **retenir qn** *ici* : ne pas laisser partir qn

– C'est toi Matéo Leduc ?

Je le regarde en face, je prends mon temps pour répondre :

– C'est moi, m'sieur.

5 Il a un sourire bizarre, il dit :

– Tu viens aussi.

Ils nous emmènent dans les bureaux de la direction, encore un endroit où on va jamais normalement. Le commandant 10 se cale le cul dans le fauteuil de la directrice et branche un portable sur l'imprimante, on reste debout devant lui, les deux autres policiers derrière nous, ils referment la porte.

15 J'ai un mauvais pressentiment, pourquoi ils nous emmènent juste nous deux dans ce bureau, en se cachant des autres ? Mes yeux fouillent partout,

---

8 **la direction** *ici* : le bureau du directeur/de la directrice – 10 **se caler** s'installer dans une position confortable – 10 **le cul** *vulg* le derrière – 11 **brancher qc** connecter qc – 11 **un portable** *ici* : un ordinateur portable – 12 **une imprimante** → imprimer (p. 15) – 15 **avoir un mauvais pressentiment** ein ungutes Gefühl haben

je vois une porte au fond, je la photo-
graphie mentalement.

Le portable émet le bruit d'une
connexion internet, je prends d'autres
5 clichés silencieux : la lumière bleue de
l'écran sur le visage du commandant, la
photo des enfants de la directrice dans
le cadre posé sur l'étagère.

La cloche a sonné la récréation de
10 l'autre côté du mur, dans la cour des
petits. Les bruits reviennent, je perçois
faiblement les enfants rire, crier, courir.
C'est bizarre, d'habitude je les trouve
plutôt chiants les gosses, à piailler
15 comme dans une volière, aujourd'hui ça
me fait du bien de les entendre. Ça me
redonne du courage.

---

2 **mentalement** dans la tête – 3 **émettre** *ici :* faire – 4 **une connexion** Verbindung – 5 **un
cliché** *ici :* une photo – 5 **silencieux, silencieuse** → le silence – 8 **un cadre** Rahmen –
9 **une cloche** Glocke – 11 **percevoir** *ici :* entendre – 12 **faiblement** ≠ fortement –
13 **d'habitude** normalement – 14 **chiant, chiante** *vulg* énervant – 14 **un gosse** *fam* un
enfant – 14 **piailler** pousser des petits cris désagréables – 15 **une volière** Vogelgehege

Le commandant nous dévisage long-temps, avant de se plonger dans la lecture d'une feuille sortie de l'imprimante, comme si on était plus là.

5 Zaher a toujours les yeux baissés.

Je lance :

– Excusez-moi, m'sieur, pourquoi on est là tous les deux ?

Il me sourit à nouveau, mais seule sa
10 bouche sourit, le reste de son visage est figé :

– C'est bien toi Matéo Leduc ?

– Je vous l'ai déjà dit, m'sieur.

– Eh bien tu le redis.

15 – C'est moi, m'sieur.

– Tu es le fils de Bernard Leduc ?

– Oui, m'sieur.

– Le commandant de police Leduc ?

– Oui, m'sieur.

20 Silence.

---

2 **se plonger dans qc** *ici :* regarder qc intensément, avec attention – 11 **figé, figée** *ici :* sans expression

– Il va être content, ton père, quand on lui racontera ce qu'on a trouvé sur toi. Tu crois pas ?

– Non… Mais ça a rien à voir avec mon père, m'sieur. Et ça a rien à voir avec lui, il fume même pas, j'ajoute en montrant Zaher.

– Ça c'est toi qui le dis, reprend le commandant avec son petit sourire. Figure-toi que ton copain, là, non seulement il a pas le droit d'être ici, mais en plus, sa famille a déposé une demande d'asile politique. On cherchait des dealers, on tombe sur des clandestins. Tu vas me dire que ça non plus, tu le savais pas ?

– Ben… Non.

– Et pourquoi tu crois qu'il est devenu ton copain ?

– Comment vous savez que c'est mon copain ?!

---

8 **reprendre** recommencer (à parler) – 10 **se figurer qc** s'imaginer qc – 15 **un clandestin** une personne entrée illégalement dans un pays, un sans-papiers

– Plusieurs élèves de ta classe disent qu'il passe beaucoup de temps avec toi. Ses parents croient peut-être que ça fera avancer leur dossier, s'ils ont des
5 relations avec la famille d'un policier… À moins que l'idée vienne de chez toi ?

Je me tourne vers Zaher, il relève la tête d'un coup. Je plante mes yeux dans les siens, il me fait non de la tête.
10 Le commandant reprend sa feuille, il regarde Zaher, mais sans sourire cette fois.

– Zaher Arash… Né le 29/04/92. Nationalité afghane. Nom du père
15 Ahmad Arash. C'est correct ?

– Oui, m'sieur.

– Vous avez fui le Pakistan. Pourquoi ?

– Parce que, on était en danger.

– Vous étiez recherchés ?

---

4 **faire avancer qc** etw vorantreiben, vorwärtsbringen – 4 **un dossier** un ensemble de documents – 6 **à moins que** es sei denn – 7 **relever** → lever – 8 **d'un coup** tout à coup – 8 **planter ses yeux dans ceux de qn** regarder qn fixement dans les yeux

– Non, m'sieur. On a été chassés.

– Chassés pourquoi ? Vous aviez fait quoi pour qu'on vous chasse ?

– Rien.

5 – Ne dis pas "rien" ! Y a bien une raison !

– Non.

– Vous avez posé des bombes ?

– C'est des mensonges ! On a pas des

10 bombes dans ma famille et on vient d'Afghanistan !

Le flic derrière lui donne une baffe sur la nuque, ça fait tomber son bonnet.

– Toi tu baisses les yeux pour

15 commencer, et tu réponds poliment au commandant !

Zaher a le visage en feu, il se baisse pour ramasser son bonnet mais il le garde dans ses mains serrées comme s'il

20 voulait le déchirer. Je réfléchis à toute vitesse. Mais qu'est-ce qui se passe ici ?

1 **chasser qn** *ici :* faire fuir, faire partir qn de son pays – 9 **un mensonge** → mentir –
12 **une baffe** *fam* Klaps – 13 **la nuque** Nacken – 15 **poliment** avec respect – 17 **avoir le visage en feu** avoir le visage très chaud et rouge – 20 **à toute vitesse** très vite

L'interrogatoire continue.

– Pourquoi vous êtes venus en France ?

– Parce que mon grand-père, il était
⁵ déjà venu ici il y a longtemps, je crois.

– En Afghanistan, vous faisiez quoi ?

– Hein ?

– Ton père, il faisait quoi ?

– Il était journaliste.

¹⁰ – Et ton grand-père ?

– Musicien.

– Ils ont fait la guerre ?

– Seulement mon grand-père.

– C'est à cause de lui que vous avez
¹⁵ fui ?

– Non, c'est mon père.

– Ton père, quoi, ton père ?

– Il avait écrit des articles…

– Tais-toi ! j'ai dit. Ils ont pas le droit
²⁰ de te poser ces questions. C'est pas eux
qui s'occupent de ton dossier d'asile !

1 **un interrogatoire** → interroger qn – 19 **se taire** garder le silence, ne rien dire

Le flic me donne une baffe derrière la tête, le commandant l'arrête d'un geste.

Il réfléchit. Il fait un petit signe aux deux types. L'un fouille à nouveau nos ⁵ sacs, l'autre relève nos empreintes. Puis ils nous font déshabiller, et vu leur ton, on comprend que cette fois c'est la totale. Pendant qu'ils refouillent nos habits, on attend, les mains sur les ¹⁰ couilles. L'un d'eux passe des gants et fourrage dans mes cheveux. Il tire sur mes dreads les uns après les autres. Puis ils nous fait pencher en avant et on doit tousser pendant qu'il nous éclaire le ¹⁵ trou du cul avec une torche.

À la fin, le commandant se plante devant Zaher, il lui pointe ma boulette sous le nez :

---

5 **relever les empreintes de qn** prendre la *trace du doigt* (Fingerabdruck) de qn – 6 **se déshabiller** ≠ s'habiller – 10 **les couilles** *fpl vulg* Eier – 10 **un gant** Handschuh – 11 **fourrager dans les cheveux** mettre les cheveux en désordre en y passant la main – 13 **se pencher en avant** sich nach vorne beugen – 14 **tousser** husten – 14 **éclairer** → clair – 15 **une torche** une lampe de poche – 17 **pointer qc sous le nez de qn** mettre qc sous le nez de qn

– Il y avait ça dans ton sac. C'est pas suffisant que tu viennes chez nous, en plus tu viens vendre cette merde ?!

Je crie :

5 – Personne deale dans notre classe, m'sieur ! Et surtout pas lui ! Vous l'avez trouvée dans ma poche !

Il se tourne vers moi :

– Vas-y, Leduc, continue ! Avec ton 10 attitude, cette came, et tes relations, là, t'es vraiment bien barré !

Je vais pour répondre, mais je me tais. Je crois que je commence à comprendre son petit jeu. Il veut utiliser le shit une 15 première fois pour faire pression sur mon père en le menaçant de m'accuser de trafic, puis une deuxième fois pour expulser Zaher sans délai en l'accusant de la même chose.

---

10 **une attitude** *ici* : Verhalten – 10 **la came** *fam* la drogue – 11 **être bien barré** *fam* être dans une bonne situation – 16 **menacer qn** → une menace – 16 **accuser qn de qc** jdn einer Sache beschuldigen – 18 **expulser qn** faire partir qn du pays dans lequel il se trouve – 18 **sans délai** tout de suite, sans attendre

Mon père a une sale réputation dans sa brigade, une réputation de flic intègre. Il répète souvent que la police, la gendarmerie, c'est des services publics.

5 Qu'ils ont pas tous les droits. Qu'ils ont beaucoup de devoirs envers les gens. Que l'usage de la force c'est un dernier recours, pas une solution. Ça fait grincer des dents chez ses collègues. Ils sont pas

10 nombreux à penser comme lui, même s'il y a en de plus en plus en ce moment, et même des durs qui craquent, il paraît. Ils essayent de s'organiser mais ça résiste. Il dit qu'il est surveillé depuis

15 qu'il a adhéré à un syndicat de flics qui commencent à refuser d'obéir aux ordres, pour faire du chiffre comme ils disent. Le problème c'est qu'il y en a toujours pour faire le sale boulot.

---

2 **intègre** ehrenhaft – 4 **un service public** öffentlicher Dienst – 6 **envers qn** face à qn – 7 **un usage** une utilisation – 8 **un recours** ici : une solution, un moyen, une action – 8 **faire grincer des dents** fig faire des mécontents, déplaire à qn – 12 **craquer** fig ne plus supporter – 15 **adhérer à qc** devenir membre de qc – 15 **un syndicat** Gewerkschaft – 16 **obéir à qc** ici : etw befolgen – 17 **un ordre** Befehl – 17 **faire du chiffre** ici : arrêter beaucoup de gens

On se rhabille pendant que le commandant téléphone dans le bureau à côté. Il revient. À moi, il dit :

– J'ai pas eu ton père, mais avec le message que je lui ai laissé, il devrait pas tarder, et on aura une petite discussion…

Puis à Zaher :

– Ta sœur est bien à l'école maternelle des Paradis ? il demande, mais sans attendre de réponse. On est allés la chercher, vous allez nous accompagner chez vos parents.

À ces mots Zaher explose. Il bondit vers la porte avec un rugissement. Je plonge sur lui pour l'empêcher de sortir mais les deux flics réagissent au quart de tour. Ils sont sur nous avant même qu'on touche la porte. Le plus grand

---

6 **tarder** mettre du temps à arriver – 14 **bondir (vers la porte)** (an die Tür) stürzen – 15 **un rugissement** *ici :* un cri violent – 16 **plonger sur qn** se jeter, bondir brusquement et rapidement sur qn – 17 **réagir au quart de tour** réagir rapidement

plaque Zaher au sol et lui tord le bras dans le dos. Je crie :

– Il va pas s'enfuir, il va pas s'enfuir ! Arrêtez de lui faire du mal !

⁵ L'autre me ceinture, son bras écrase mon cou, je m'étrangle, je peux plus parler, il me tire en arrière, m'assoit sur une chaise, je me débats, je sens des menottes autour de mes poignets, il me ¹⁰ lâche pas, je peux plus respirer, j'ai les oreilles qui bourdonnent, je vois tout mais j'entends plus rien.

Zaher pousse des hurlements qui me parviennent faiblement à travers ¹⁵ le brouillard. Le grand flic essaie de le faire taire en le frappant dans les côtes. Finalement Zaher se recroqueville pour se protéger et il se tait. Il reste par terre à gémir, roulé en boule. Le flic sort une

---

1 **plaquer qn au sol** faire tomber qn et le maintenir au *sol* (Boden) – 1 **tordre le bras à qn** tourner fortement le bras de qn – 3 **s'enfuir** partir très vite (→ fuir) – 5 **ceinturer qn** jdn festhalten, umklammern – 5 **écraser** serrer très fort – 6 **s'étrangler** ne plus avoir d'air – 8 **se débattre** lutter avec violence pour se libérer – 9 **des menottes** *fpl* Handschellen – 11 **bourdonner** *pour les oreilles* entendre sans arrêt du bruit – 13 **pousser des °hurlements** crier – 14 **parvenir** *ici :* arriver – 15 **le brouillard** *ici :* une confusion dans la conscience ou dans le souvenir – 16 **les côtes** *fpl ici :* Rippen – 17 **se recroqueviller** zusammenkauern

lanière en plastique noir, il l'enroule autour de ses poignets et tire d'un coup sec. Puis il le relève en tirant dessus et l'aplatit sur le bureau. Il le maintient à demi couché, le nez dans les papiers, tout en le questionnant. Comme il lui coupe la respiration, Zaher parle dans un râle.

– Pour la dernière fois, vous venez faire quoi dans notre pays ?

– Rien, m'sieur !

– Les bombes, les barbus, tout ça, t'es pas au courant ?

– Je sais pas de quoi vous parlez, m'sieur !

– Attends, c'est pas vous qui voilez les femmes ? C'est pas vous qui les lapidez, hein ? Ben sois content, on va t'y renvoyer, dans ton pays de fanatiques,

---

1 **une lanière** *ici :* une petite corde pour attacher – 1 **enrouler qc autour de qc** rouler, tourner qc autour de qc – 4 **aplatir qn** *ici :* allonger qn sur le ventre – 4 **maintenir qn** tenir qn dans une position fixe – 7 **couper la respiration à qn** faire manquer d'air à qn – 8 **un râle** Röcheln – 12 **un barbu** *ici : péj* un terroriste islamiste (→ une barbe) – 16 **voiler qn** obliger qn à porter un *voile* (Kopftuch) – 17 **lapider qn** jdn steinigen

là. On verra bien ce qu'ils vont te faire, tu regretteras comment c'était, la France !

La France elle t'emmerde, espèce de gros con. L'Afghanistan c'était déjà un empire que tes ancêtres ils savaient à peine faire du feu ! Je vous emmerde, toi et ton pays de cons. C'est ça, la France ? Si c'est ça je suis plus français, moi !

Je transpire. Je lutte contre les mots qui bouillonnent dans ma tête, je lutte pour pas les laisser sortir, parce que c'est sûr, c'est contre Zaher que ça va se retourner. J'essaie de me concentrer sur autre chose, sur mes poignets qui me font mal, sur le poids de mon corps sur la chaise, sur la transpiration qui coule dans mon cou. Je me dis que chaque goutte de sueur est une insulte qui sort à la place d'un mot. Je parle dans ma

---

3 **une espèce de con** *fam* une personne bête, idiote, stupide – 5 **un empire** Reich – 5 **un ancêtre** qui est à l'origine d'une famille – 5 **à peine** kaum – 9 **transpirer** schwitzen – 9 **lutter contre qc** se battre, résister – 10 **bouillonner** *ici* : s'agiter, bouger – 15 **un poids** une masse – 15 **un corps** Körper – 16 **la transpiration** *ici* : Schweiß – 18 **une goutte** Tropfen – 18 **la sueur** Schweiß – 18 **une insulte** → insulter (p. 14)

tête pour pas le faire en vrai. Je parle à Zaher en secret pour que personne nous entende.

Tu t'appelles Zaher. C'est le nom du
5 dernier roi de ton pays. Ton pays s'appelle l'Afghanistan. Ça veut dire "le pays des Afghans", c'est le nom perse qu'on donne aux Pachtouns. Tu es né le 29 avril 1992 à Kaboul. Le jour de la
10 victoire des moudjahidines d'Ahmed Chah Massoud, le Lion du Panshir. Ton grand-père Najmûdin a combattu avec lui dans l'Alliance du Nord. Il l'a suivi au gouvernement qui a chassé les talibans.
15 Mais les combats ne se sont jamais arrêtés. Les talibans étaient toujours soutenus par l'armée pakistanaise. Quand ils ont repris le pouvoir quatre ans plus tard, ils ont poursuivi le
20 président et des ministres à travers toute

---

10 **un moudjahidin** [mudʒaidin] *arabe* un soldat qui lutte au nom de l'islam –
12 **combattre** lutter contre – 15 **un combat** → combattre – 17 **soutenir** aider, encourager

la ville. Ils ont attrapé ton grand-père, ils l'ont pendu à un feu rouge avec du fil de fer.

Le journal de ton père a été interdit et son bureau incendié. Ils vous cherchaient aussi à cause de ses articles. Vous avez fui vers le nord, vous vous êtes cachés dans un village du Badakhchan. Quand tu avais neuf ans les soldats ont attaqué le village avec des chiens, ils les ont lancés sur vous puis ils ont tout brûlé, et vous avec. Vous êtes passés au Pakistan juste avant l'arrivée des Américains. Le régime des talibans est tombé en 2001, mais la guerre a continué. Comme ton père écrivait autant contre les Américains que contre les talibans ou les Russes, vous n'êtes pas rentrés. Il a continué à écrire et à se cacher. Et puis il est tombé malade et cette année, vous êtes arrivés en France.

2 **pendre qn** jdn erhängen − 3 **le fil de fer** Eisendraht − 5 **incendier** mettre le feu à qc − 11 **lancer** jeter

C'est ton histoire. Il n'y a que moi qui la connais comme ça.

La lumière du jour commence à baisser dehors. La petite sœur de Zaher traverse
5 la cour encadrée par deux flics. Elle pleure toute seule dans l'obscurité qui monte. Les voix des enfants se sont tues à côté.

Quand elle voit Zaher, elle se jette
10 dans ses bras. Il lui parle tout bas en pachtoun. Elle se calme. Les policiers lui font signe d'y aller. Sur le pas de la porte, il se retourne vers moi, il me dit :

– *Djur baashi.*

15 "Reste en forme", c'est une formule en dari. Il enlève son pakol et il me le pose dans les mains. Un dernier regard, presque comme s'il voulait me rassurer. Je dois vraiment avoir l'air trop en vrac

---

5 **encadrer qn** entourer qn pour le garder – 6 **l'obscurité** f ≠ la lumière, le jour – 16 **le dari** *une des langues parlées en Afghanistan* – 19 **avoir l'air en vrac** *fam* ne pas avoir l'air bien

pour qu'il me regarde comme ça ! Le flic le pousse dans le dos.

Je suffoque encore, c'est comme si l'air avait quitté mon corps. Le temps que je retrouve ma voix, je crie *Zenda baashi ! Zenda baashi !!!*, ça veut dire "Reste en vie". Le commandant claque la porte d'un grand geste. Je colle mon visage à la vitre, je les vois une dernière fois, lui de dos avec son petit bonnet jaune, sa sœur agrippée à son épaule, je me force à lui sourire mais ils ont déjà disparu dans le noir sans se retourner. Je fixe le noir, le noir, le noir avant qu'on me tire en arrière, direction le fourgon.

J'ai passé la nuit en détention provisoire, dans une cellule qui sentait la pisse et le désinfectant. Le désinfectant c'est pire que la pisse.

---

3 **suffoquer** avoir des difficultés à respirer, manquer d'air – 11 **agrippé, agrippée** accroché, collé – 11 **une épaule** Schulter – 14 **fixer** regarder avec intensité – 16 **la détention provisoire** Untersuchungshaft – 17 **une cellule** *ici :* une petite pièce du commissariat pour enfermer des personnes – 18 **un désinfectant** Desinfektionsmittel

On est arrivés ensemble avec Moussa, Patrick, Ousmane et d'autres. Ils ont repris notre identité, nos empreintes, ils nous ont photographiés. On a attendu menottés à un banc dans le couloir. Le commissariat avait l'air entièrement refait, ça brillait sous les spots neufs, et les gens qui passaient devant nous faisaient scouic-scouic avec leurs chaussures. J'ai essayé de prendre encore des photos, mais j'y arrivais plus. Il y avait rien à voir.

Ils nous interrogent séparément. Je me retrouve face au flic qui a frappé Zaher, sous le regard du président dans son cadre doré. Il tape sur son portable, puis il me dit de signer le procès-verbal de mon interpellation. Ça dit que j'ai résisté aux forces de l'ordre, que

5 **menotté, menottée** → les menottes *fpl* (p. 50) – 13 **séparément** ≠ ensemble – 16 **doré, dorée** qui a la couleur de l'or – 17 **un procès-verbal** Protokoll – 18 **une interpellation** *ici :* un interrogatoire – 19 **les forces de l'ordre** *fpl ici :* la police

j'ai compromis par des paroles et un comportement agressifs le déroulement d'une opération de police. Je repousse le stylo, je dis que c'est pas la vérité, et que pour commencer, la boulette de shit vient de ma veste et pas de celle de Zaher. Il prend l'air exaspéré et il fait craquer ses doigts.

Je sens une sueur froide dans mon dos, je tremble mais je peux plus m'arrêter. Sans lui laisser le temps d'enchaîner je demande si je peux téléphoner. Il me dit que c'est trop tard, mais je pourrai le faire demain matin. Je dis :

– Je veux appeler mes parents.

Il rit :

– Si c'est ça, t'inquiète, ils sont déjà au courant.

Je lance :

---

1 **compromettre qc** mettre en danger le succès de qc – 2 **un comportement** Verhalten – 2 **un déroulement** Ablauf – 7 **exaspéré, exaspérée** énervé, en colère – 7 **faire craquer ses doigts** faire un bruit sec avec ses *doigts* (Finger) – 12 **enchaîner** *ici* : continuer une conversation après un court arrêt

– Où est Zaher ?

Il me répond :

– Je sais pas.

– Pourquoi il est pas ici avec nous ?!

– C'est l'affaire de la préfecture maintenant.

– Il va être expulsé ?

– Ça, t'es pas près de le revoir, ton copain.

– Pourquoi vous l'avez frappé, vous le connaissez même pas ?!

– Je frappe qui je veux et j'en ai rien à foutre de ton pote ! Maintenant tu te tais et tu signes !

Je respire un grand coup, je reprends le stylo et je commence à écrire : Je m'appelle Zaher Arash. Je suis réfugié afghan en France. J'ai fui la guerre dans mon pays d'origine, et aujourd'hui dans mon pays d'accueil je suis victime des

---

17 **un réfugié** une personne qui a fui son pays où il était menacé (par une catastrophe naturelle, une guerre, des persécutions politiques, raciales…)

forces de l'ordre, qui ont compromis par des paroles et un comportement agressifs le déroulement d'une opération de police…

5 Le temps qu'il comprenne ce que j'écris, il m'arrache la feuille et il commence à lire. Moi je continue à parler à voix haute, j'espère qu'il y a un micro branché quelque part :

10 – Je m'appelle Zaher Arash. Je ne suis pas un trafiquant de drogue. Je suis élève en seconde quatre au lycée Paradis, mes meilleures notes c'est en langues et en histoire, et en dessin aussi…

15 D'un coup de pied il envoie ma chaise contre le radiateur, il m'empoigne par le col, deux autres flics rentrent et l'empêchent de me frapper. Là je disjoncte. Je me mets à hurler en me 20 débattant comme un dingue, je pousse

---

6 **arracher qc à qn** prendre qc à qn par la force – 9 **quelque part** irgendwo – 11 **un trafiquant de drogue** une personne qui vend de la drogue – 16 **un radiateur** Heizkörper – 17 **un col** Kragen – 19 **disjoncter** *fam* devenir fou – 19 °**hurler** crier très fort – 20 **un dingue** *fam* un fou

des rugissements qui sortent je sais pas d'où et je sens mes forces qui explosent. Ils se mettent à quatre pour me plaquer par terre jusqu'à ce que j'aie plus assez
5 d'air dans les poumons pour crier. Je vois des formes sombres, j'entends plus que ma respiration qui fait voler la poussière sous mon nez, j'ai l'impression que c'est quelqu'un d'autre qui respire dans
10 mon corps. Ils me relèvent d'un coup, un autre flic m'attrape par les cheveux, il s'approche tout près mais je vois pas son visage, juste une bouche énorme qui dit :
15 – Tu vas passer la nuit avec nous en garde à vue, ça va te faire réfléchir !

J'essaie encore de me débattre, je sais vraiment pas d'où vient mon énergie, mais ils m'enlèvent mes lacets et ma

---

5 **les poumons** *mpl* Lunge – 6 **sombre** ≠ clair – 7 **la poussière** Staub – 12 **s'approcher de qn** ≠ s'éloigner de qn – 15 **la garde à vue** une mesure qui permet à la police de garder une personne dans les locaux de la police pendant 24 ou 48 heures – 19 **les lacets** *mpl* Schnürsenkel

ceinture de force avant de me jeter dans une cellule. Je hurle encore je sais pas combien de temps avant de m'écrouler. Les tremblements diminuent très lentement. Je regarde autour de moi. La cellule aussi est neuve. Tout est gris, les murs, le lit, la table, la porte. La seule tache de couleur c'est le pakol de Zaher posé sur la couchette. Le coin autour du chiotte sent la pisse, tout le reste sent le désinfectant.

Je sais pas quelle heure il est. Ils m'amènent un repas, ça ressemble aux plateaux que la mairie distribue à ma grand-mère. Je mange rien, de toute façon j'ai mal au bide et à la tête. J'ai l'impression de sortir d'un match de boxe, tout cassé de partout. Je tombe à genoux et je vomis pendant un temps infini, je croyais pas que mon corps

---

1 **une ceinture** Gürtel – 3 **s'écrouler** tomber soudainement – 4 **un tremblement** → trembler (zittern) – 4 **diminuer** devenir moins fort – 8 **une tache** Fleck – 9 **une couchette** un petit lit, très simple et peu confortable (→ se coucher) – 10 **un chiotte** *vulg* une toilette – 14 **un plateau(-repas)** un repas complet servi sur un *plateau* (Tablett) – 14 **distribuer** *ici :* donner, apporter – 16 **le bide** *fam* le ventre – 19 **vomir** sich übergeben – 20 **infini, infinie** *ici :* très long

pouvait contenir autant de choses. Après je me sens vide en dedans, vide de tout, lessivé, à bout de forces.

On m'apporte une couverture. Mes jambes me portent plus, je me roule en boule, et je passe le reste de la nuit à grelotter.

Mes parents ne viennent me chercher que le lendemain.

Quand on me sort de là, c'est plus les mêmes flics. Je suis comme un zombie, je comprends à peine ce que me dit la femme qui me fait asseoir dans son bureau. Elle me jette un coup d'œil, puis elle baisse vite les yeux sur ses papiers :

– Vous avez été amené par la brigade d'intervention ? Ah, eux, c'est pas des tendres, il faut pas leur en vouloir, c'est pas toujours facile…

1 **contenir** enthalten – 2 **en dedans** à l'intérieur – 3 **lessivé, lessivée** *fam* très fatigué – 3 **à bout de forces** sans forces – 4 **une couverture** Decke – 7 **grelotter** trembler de froid – 16 **la brigade d'intervention** Einsatztruppe – 18 **tendre** *ici :* gentil, doux

Après elle m'explique que je suis mis en examen pour possession et vente de produit stupéfiant, outrage et violence à l'encontre des forces de l'ordre, elle
5 me dit que je vais avoir un procès, elle me fait signer un papier, et finalement, elle m'informe que mes parents sont là et que je peux sortir en attendant le jugement.

10 Je suis un autre flic, il me demande si je veux faire un peu de toilette, je dis non, il me rend ma ceinture et mes lacets, je les fourre dans ma poche, je veux plus qu'une seule chose, sortir de
15 là !

Ma mère a l'air d'avoir pris dix ans dans la nuit. Mon père est blanc de rage, il parle d'une voix tremblante. Il veut me prendre le bras mais je le repousse.

---

1 **mettre qn en examen** ein Ermittlungsverfahren gegen jdn einleiten – 2 **une vente** → vendre – 3 **un outrage** Beleidigung – 4 **à l'encontre de qn** contre qn – 9 **un jugement** Gerichtsurteil – 11 **faire sa toilette** se laver – 13 **fourrer qc dans qc** mettre qc à l'intérieur de qc – 17 **la rage** la colère – 19 **repousser qn** éloigner qn loin de soi

On part sous les saluts respectueux des autres flics.

Quand j'ai réussi à avoir des nouvelles de Zaher, il était trop tard.

5   Ils les ont ramenés chez eux. Ils ont réveillé son père et ils l'ont arrêté. Il était endormi, il travaille la nuit et il dort le jour. C'était Zaher qui traduisait ce que disaient les flics. Puis sa mère est rentrée 10 et ils les ont emmenés tous les quatre. On les a enfermés pour la nuit dans un centre de rétention, et on les a expulsés le lendemain matin vers l'Afghanistan.

   Il y a des profs qui ont averti tout de 15 suite une association de défense des sans-papiers. Ils ont cherché à retrouver leur trace, mais tous les services étaient en train de fermer. Quand ils ont appris où ils étaient, ils ont appelé le centre

---

1 **respectueux, respectueuse** → le respect – 5 **ramener qn** *ici* : reconduire qn –
10 **emmener qn** *ici* : jdn abführen – 11 **enfermer qn** mettre qn dans un lieu fermé d'où il ne peut pas sortir – 12 **un centre de rétention** un centre où l'on garde les personnes d'origine étrangère avant de les expulser – 14 **avertir qn** informer qn – 15 **la défense** la protection

de rétention, on leur a dit qu'ils étaient bien là, mais ils n'ont pas pu leur parler. Le lendemain matin, à l'heure où je sortais de prison, ils sont allés au centre et on leur a dit que la famille venait de partir pour l'aéroport.

Le soir de notre retour, une voiture de flics en patrouille s'est fait caillasser au passage du lycée. Ils ont envoyé des renforts, en un quart d'heure c'était la guerre. C'est Ousmane qui m'a appelé, il habite juste en face, il criait :

– Viens, on va leur faire la fête aux keufs !

J'ai enjambé la fenêtre, je suis arrivé là-bas au moment où les camions de CRS s'arrêtaient devant le lycée. On les a bombardés avec des cailloux, des canettes, des ordures qui débordaient

---

8 **caillasser qn** *fam* jeter des *cailloux* (Kieselsteine) sur qn – 9 **envoyer des renforts** *ici :* envoyer des policiers supplémentaires – 14 **un keuf** *verlan* un policier – 15 **enjamber qc** passer par qc – 19 **une canette** une petite boîte en métal contenant une boisson – 19 **les ordures** *fpl* ce que l'on jette à la poubelle – 19 **déborder** *ici :* sortir

des poubelles, on réfléchissait pas, on jetait tout ce qu'on trouvait. Il y avait quelques potes du lycée, les autres personne les connaissait, plusieurs
5 portaient des foulards ou des capuches.

D'un coup il y a eu un éclair, comme un pétard qui fusait à côté de moi, et l'instant d'après une bagnole garée devant le trottoir flambait. Je me
10 suis arrêté, j'ai repris mon souffle, je pouvais plus détacher mes yeux des flammes qui se tordaient dans tous les sens. Puis il y a eu un coup de sifflet et les CRS ont chargé. Je me suis mis à
15 courir droit devant moi, j'entendais les cris dans mon dos, je me suis pas arrêté, les lueurs du feu ont disparu, les bruits se sont évanouis, je courais toujours dans les rues désertes, il faisait
20 froid, mes poumons me brûlaient la

---

5 **un foulard** Kopftuch – 5 **une capuche** Kapuze – 6 **un éclair** une lumière intense et brève – 7 **un pétard** Knallkörper – 7 **fuser** se faire entendre – 8 **une bagnole** *fam* une voiture – 9 **flamber** brûler – 11 **ne pas pouvoir détacher ses yeux de qc/qn** être fasciné, intéressé par qc/qn – 13 **un coup de sifflet** Pfiff – 14 **charger** *ici* : attaquer – 17 **une lueur** une petite lumière – 18 **s'évanouir** disparaître – 19 **désert, déserte** vide

poitrine, je courais, je suis arrivé sur un carrefour inconnu, les feux clignotaient tous en orange, il y avait pas une voiture, je tournais sur moi-même et

5 je reconnaissais rien. Ma respiration laissait échapper un drôle de sifflement aigu, ça me faisait mal, je me suis couché par terre et je suis resté là.

Je crois que je me suis endormi, parce

10 qu'à un moment j'ai entendu un bruit de moteur vachement fort, et quand j'ai ouvert les yeux j'ai été aveuglé par la lumière des phares d'une voiture qui passait à toute vitesse à côté de moi. Je

15 me suis relevé, j'ai suivi une avenue et au bout, j'ai reconnu où j'étais. J'avais vraiment fait un grand tour à travers la ville. Je suis rentré en me tenant aux murs pour pas tomber. Je suis pas

20 repassé par le lycée, j'ai croisé personne,

---

1 **la poitrine** Brust – 2 **inconnu, inconnue** que l'on ne connaît pas – 2 **clignoter** s'allumer et s'éteindre – 6 **échapper** *ici* : sortir – 6 **un sifflement** → un sifflet – 7 **aigu, aiguë** *pour un son* schrill, hoch – 12 **être aveuglé par qc** recevoir une forte lumière dans les yeux de sorte qu'on ne voie plus rien – 13 **un phare** *ici* : la lumière installée à l'avant d'une voiture – 20 **croiser qn** rencontrer qn

il y avait pas un bruit dans les rues. Chez moi c'était tout éteint, je me suis glissé par la fenêtre en faisant super gaffe. Je me suis demandé si j'avais pas rêvé avant de m'effondrer sur mon lit.

La préfecture n'a pas donné le lieu de l'expulsion de la famille de Zaher. Elle a confirmé qu'il n'y a aucune accusation officielle contre eux, ni trafic de drogue ni rien. Ils sont juste des étrangers en situation irrégulière sur le sol français, ils ont été reconduits à la frontière selon les directives du ministère de l'Intérieur. On leur a appliqué une "mesure d'éloignement", ils disent.

Les flics les ont traités de clandestins, mais c'est faux. Tout le monde savait où ils vivaient, quel travail ils faisaient,

---

2 **se glisser par qc** entrer discrètement par qc, sans faire de bruit – 3 **faire gaffe** *fam* faire attention – 5 **s'effondrer** *ici* : se laisser tomber – 7 **une expulsion** → expulser qn (p. 47) – 8 **une accusation** Anklage – 10 (**être**) **en situation irrégulière** (être) en situation illégale – 13 **les directives** *fpl* un ensemble d'indications, d'instructions données par une autorité (politique…) – 14 **appliquer qc à qn** etw bei jdm anwenden – 14 **une mesure d'éloignement** *admin* action d'éloigner des étrangers en situation irrégulière à la frontière – 16 **traiter qn de qc** *fam* nommer qn de façon péjorative

à quelle école ils allaient, la preuve…
C'étaient des sans-papiers, voilà. Tout
ça c'est juste une histoire de papiers. Et
maintenant leur demande d'asile a été
5 annulée, et leur dossier a été détruit.

Depuis leur départ, je ne mange plus,
je ne dors pas, je passe mon temps à
penser à eux, à deviner où ils peuvent
être. Je prends des tas de photos
10 imaginaires dans ma tête, mais elles
s'effacent tout de suite, je suis trop
épuisé. Je fais des rêves qui mélangent
ce qui s'est réellement passé avec des
images que j'ai vues à la télé, je ne sais
15 plus ce qui est vrai et ce qui est faux. Je
ne sors plus de ma chambre, je suis au
courant des choses par mes parents, par
la radio, la télé, le téléphone, mais sortir,
j'ose pas, j'ai peur que d'autres flics me

---

9 **un tas de qc** *fam* un grand nombre de, beaucoup de qc – 11 **s'effacer** *ici :* disparaître –
12 **épuisé, épuisée** très fatigué – 12 **mélanger** mischen – 13 **réellement** vraiment –
16 **être au courant de qc** être informé de qc – 19 **oser faire qc** avoir le courage de faire
qc

ramènent au lycée, en prison, je sais pas
où.

Et eux ? Où ils sont maintenant ?!
J'essaie de les accompagner en pensée :
Kaboul, Herát, Kandahár, Jalálábád…
Je voudrais être là-bas. Je me sens plus
chez moi ici.

Je suis un clandestin.

C'est quoi un clandestin ?

On me dit que Zaher est clandestin.

Mais c'est quoi un clandestin ?

C'est Zaher, d'un seul coup, son bonnet,
ses calligraphies, et toute sa famille avec
lui ?

C'est moi, avec mes parents fonctionnaires, mon appareil photo et mes
joints cachés dans mon blouson ?

C'est Ousmane, ses portables neufs
qu'il a en affaires et les pâtisseries de sa
mère qu'il nous ramène en cachette ?

---

15 **un, une fonctionnaire** une personne qui travaille dans le service public – 19 **avoir qc
en affaire** *ici* : vendre qc – 19 **une pâtisserie** *ici* : Gebäck – 20 **en cachette** en secret (→
cacher)

Et Djédjé, avec ses survêtements tombés du camion et l'équipe de foot qu'on a montée pour jouer le championnat inter-lycées ?

5 C'est aussi M. Lopez, parce qu'il enseigne pas le programme ?

Et puis mon père et son syndicat de flics-contre-la-violence ?

Et tant qu'on y est, le fantôme de 10 Najmûdin, parce que lui non plus il respectait pas le programme ?

Évidemment on est passés à la télé, mais ils ont surtout montré les flics qui racontaient que l'opération 15 s'était déroulée dans le calme. Le commandant disait que grâce à la collaboration exemplaire entre les forces de l'ordre et l'Éducation nationale, plusieurs arrestations avaient

---

1 **un survêtement** un vêtement de sport – 4 **un championnat** → un champion – 15 **se dérouler** se passer – 18 **l'Éducation nationale** le ministère qui est responsable de l'enseignement scolaire – 19 **une arrestation** → arrêter qn

permis de démanteler un réseau de trafic de drogue aux ramifications internationales. On voyait la façade du lycée, deux flics devant, aucun bruit à
5 l'intérieur. Ils ont filmé juste le début ou quoi ?

Après, on a vu la directrice assise à son bureau, qui avait été tout bien rangé, il y avait plus une trace de notre passage.
10 Elle expliquait que c'est elle qui avait demandé l'intervention et que c'était la suite logique des actions de prévention menées précédemment, dans le but de protéger les élèves. Ensuite, c'était
15 le tour du procureur de la République, dans un bureau encore plus grand et encore mieux rangé. Lui il parlait super lentement en détachant bien les mots entre eux pour dire que l'école n'est
20 pas une zone de non-droit, et qu'il n'y a

---

1 **démanteler** détruire – 1 **un réseau** Netz(werk) – 2 **une ramification** une division d'une organisation – 13 **précédemment** avant – 15 **un procureur (de la République)** Staatsanwalt – 18 **détacher les mots** *ici :* bien séparer les mots – 20 **une zone de non-droit** rechtsfreier Raum

rien de pire chez les adolescents que le sentiment d'impunité.

Là, il y a eu une image qui montrait un tout petit bureau pas rangé du
5 tout, c'était celui du représentant d'un syndicat de profs avec plein d'initiales, il dénonçait l'intrusion des policiers armés dans un lieu rempli d'enfants parfois très jeunes, et il rappelait l'intégrité des
10 établissements scolaires.

Tout de suite après on a revu le commandant. Il était moins calme qu'au début. Il se moquait des accusations mensongères de quelques
15 militants d'extrême gauche, qui sont les premiers à réclamer que la police vienne mettre de l'ordre lorsque leurs enfants deviennent la proie des dealers venus de l'étranger. Pendant qu'il parlait
20 on voyait des images de nous en train de

---

2 **l'impunité** f Straffreiheit – 5 **un représentant** → représenter qn/qc – 8 **rempli de** plein de – 9 **rappeler qc** faire penser à qc, se souvenir de qc – 10 **un établissement scolaire** p.ex. une école primaire, un collège, un lycée – 14 **mensonger, mensongère** qui est faux – 15 **un militant** un activiste – 16 **réclamer qc** demander qc – 18 **une proie** une victime

lancer des caillasses. J'ai pas vu ma tête sur l'écran.

N'empêche qu'à la fin, les deux ministres des flics et des écoles, ils avaient l'air un peu merdeux quand on les a interrogés à la sortie de leur repas entre collègues, à l'Élysée. Il paraît qu'ils vont "diligenter une enquête", comme ils disent. S'ils prennent la diligence pour venir jusqu'ici, les enquêteurs, on est pas près de les voir débouler ceux-là.

Tout en regardant l'écran de télé, je me suis surpris à shooter encore. Comme un tic que j'aurais attrapé, sauf que là, je prenais des images d'autres images. Je me suis dit : Tu deviens vraiment dingue. Sur le coup ça m'a fait flipper, mais finalement je suis allé chercher mon appareil et j'ai pris de vrais clichés : le procureur avec sa raie sur le côté,

---

3 **n'empêche** *fam* quand même – 5 **avoir l'air merdeux** ne pas se sentir très bien – 7 **l'Élysée** *f* la résidence du Président de la République française – 8 **diligenter une enquête** faire avancer une *enquête* (Ermittlung) plus rapidement – 9 **une diligence** Eifer – 10 **un enquêteur** une personne qui participe à une enquête – 11 **débouler** *fam* arriver tout à coup – 20 **une raie** *pour les cheveux* Scheitel

tous les journalistes qui se poussent pour tendre leur micro au ministre, la présentatrice avec son décolleté ni trop bas ni trop haut.

5   Le sujet suivant est arrivé et elle a pris son air grave numéro douze pour donner le nombre de soldats américains tués en Irak.

Ma mère m'a raconté qu'à son arrivée au lycée l'après-midi, c'était tout bouclé. Elle a dit qu'elle était prof et que son fils était élève dedans, mais ils ont refusé de la laisser passer. Ordre de la directrice, on lui a répondu : "Personne ne rentre, personne ne sort !" Il y avait plein de parents de petits qui attendaient leurs enfants. Les gardes à l'entrée, ils commençaient à se sentir mal. Il paraît qu'elle leur a tapé le scandale de leur

---

3 **une présentatrice** *ici :* la personne qui présente les informations à la TV – 10 **boucler un lieu** *fam* fermer, isoler un lieu pour une opération militaire ou policière – 12 **refuser** ≠ permettre – 17 **un garde** → garder qn/qc – 19 **taper un scandale à qn** *fam* faire un scandale

vie, ma mère : la police barricadée dans l'école, les professeurs et les parents à la rue, mais c'est le monde à l'envers !!!

Le lendemain, les profs et le personnel de tout le groupe scolaire se sont mis en grève. Aux infos locales, ils ont fait parler M. Lopez devant l'entrée grande ouverte avec des banderoles en travers. Je l'avais jamais vu aussi remonté. Il a dénoncé une rafle, il a cité les noms de tous les élèves arrêtés et il a terminé par Zaher, en expliquant ce qui s'était passé avec sa famille.

Les syndicats de profs et les associations de parents d'élèves ont écrit aux politiques pour protester contre le mode opératoire de la police, comme ils disent. Et puis avec des associations de défense des étrangers et des droits de l'homme, ils ont déposé une plainte

---

3 **le monde à l'envers** verkehrte Welt – 5 **se mettre en grève** streiken – 8 **une banderole** Spruchband – 9 **remonté, remontée** *fam* en colère – 10 **une rafle** une razzia – 11 **terminer** finir – 17 **un mode opératoire** la façon de mener une opération – 20 **une plainte** → se plaindre

contre l'expulsion de Zaher, mais elle a été classée sans suite, évidemment.

Dans les grévistes il y avait pas toute l'école. En salle des profs, il paraît que
5   ça discutait dur. Certains disaient qu'ils étaient pas là le jour de la descente et que ça les concernait pas. Il y en avait d'autres qui trouvaient ça normal. Le prof de maths, il a dit que ça nous
10 apprendrait le respect. Ma mère, elle l'a fusillé : "Tu vois pas que c'est le mépris pour les enfants qui engendre leur haine de l'autorité ?" Il l'a traitée de gauchiste et de soixantuitardée ou un truc
15 comme ça, elle était tellement énervée en racontant que j'ai pas osé la faire répéter. De toute façon, je l'ai pas trop ramené, parce qu'on a eu une méchante explication sur le shit, et je me sens un
20 peu mal en ce moment.

---

1 **classer (une affaire)** considérer une affaire comme terminée, finie – 2 **sans suite** ohne Weiterverfolgung – 3 **un gréviste** une personne qui fait la grève – 10 **fusiller** *ici :* attaquer violemment qn avec des mots – 11 **le mépris** Verachtung – 12 **engendrer qc** provoquer qc – 12 **la °haine** Hass – 13 **un, une gauchiste** *en politique* Linksextreme(r) – 14 **une soixantuitardée** *péj* une personne qui a gardé l'esprit de l'année 1968 – 17 **la ramener** *fam* protester

Avec les potes, on arrive plus à parler d'autre chose. Le premier jour qu'on s'est tous revus, c'était juste avant le procès. Ils croyaient que je savais pour
5 Zaher et que je leur avais caché.

– Putain, t'aurais dû nous le dire que c'était un clandestin.

– Mais d'abord je le savais pas, et ensuite c'étaient pas des clandestins !!!

10 – Me dis pas qu'à toi, son meilleur pote, il t'a rien dit !

– Je vous jure ! D'abord d'où ça sort que je suis son meilleur pote ?

– C'est lui qui nous l'a dit.

15 – Ouais, n'empêche, si on avait su, on l'aurait protégé, quoi !

– T'as vu comme ils nous regardaient les keufs ? On dirait que c'est eux qui ont peur de nous !

20 – Mais ils ont tous peur de nous ! Peur qu'on vienne pas à l'école, peur quand

---

12 **jurer qc à qn** promettre qc à qn

on y est, peur qu'on s'en échappe, peur qu'on soit pas orienté…

– Toi aussi ils te prennent la tête avec l'orientation ?

5   – Putain, ils arrêtent pas avec leur conseiller, là…

– Où il y a besoin de conseiller ? Nous on a M. Lopez, c'est lui qui s'occupe de notre orientation. Même, il s'occupe de

10   notre proche-orientation !

– Ouais, mais eux, il y a que l'extrême-orientation qui compte, ce que tu feras plus tard, pour toute ta vie, genre !

– Arrête, si je leur déroule pas le plan

15   de carrière du siècle, ils croient que je vais finir chômeur-délinquant juvénile précoce – la honte pour ma famille…

– Ils flippent trop grave. La vérité, à force c'est eux qui me font peur !

---

1 **s'échapper** s'enfuir, s'en aller d'un endroit – 3 **prendre la tête à qn** *fam* énerver qn – 10 **une proche-orientation** *jeu de mots* → le proche-orient (p. 17) – 11 **extrême-orientation** *jeu de mots* → l'extrême-orient (Ferner Osten) – 12 **compter** *ici* : être important – 14 **dérouler qc** *ici* : montrer qc – 16 **un chômeur-délinquant** une personne qui n'a pas de travail et fait des actions illégales – 16 **juvénile** jugendlich – 17 **précoce** frühreif

Il y a eu un silence, et puis Smaïl qui avait rien dit jusque-là, assis sur son énorme cul, il a dit dans un souffle :

– Ouais, tout ça, c'est encore une histoire sur la peur de l'Orient…

Pour finir, j'ai pris une photo du groupe, et j'ai dit :

– Moi j'ai compris qui c'est, les clandestins. C'est pas une question de papiers. Nous tous ici, on en a des papiers, et pourtant ils nous traitent comme des clandestins, et à la fin on se sent clandestins. Si c'est ça, alors les clandestins ils sont beaucoup plus nombreux qu'on croit.

Les clandestins c'est nous tous.

C'est tous ceux qui savent pas ce qu'ils veulent faire plus tard.

Et aussi ceux qui font pas ce qu'ils avaient dit qu'ils feraient plus tard.

---

3 **dire dans un souffle** parler à voix basse

C'est les étrangers qui veulent devenir français.

Les Français qui veulent devenir étrangers.

5 Les jeunes qui se comportent pas comme des vieux.

Les flics qui se comportent pas comme des flics.

Les profs qui sont du côté des élèves.

10 Les sans-papiers, sans métier, sans bureau, sans orientation.

Ceux qui ont pas besoin de tout ça.

Ceux qui ont peur, et ceux qui ont pas peur.

15 C'est tout ceux-là, les clandestins.

Du jour au lendemain, on est tous des clandestins.

---

5 **se comporter s**ich verhalten

Le procès est arrivé très vite, je croyais que ça serait vachement plus long. On était tous avec nos familles au palais de justice, dans une grande salle où ils
5 nous jugeaient les uns après les autres, en dix minutes, en série, quoi. J'avais pas le droit à mon appareil. J'ai essayé à nouveau le coup des photos dans la tête mais ça ne marchait plus.

10 Le procureur c'est celui que j'avais vu à la télé. Il avait toujours sa raie sur le même côté, il parlait de moi sans me regarder avec plein de gestes, il se contrôlait moins bien qu'à la télé. Il
15 a dit que j'étais plus responsable que les autres, parce que j'étais le fils d'un policier, que j'étais au courant de la gravité de mes actes, et que j'avais encouragé les autres à résister.

20 Mes parents m'avaient trouvé un avocat. C'est un type pas super marrant,

---

3 **un palais de justice** Gericht(sgebäude) – 5 **juger qn** jdn verurteilen – 15 **responsable** verantwortlich – 18 **la gravité** → grave – 21 **un avocat** Anwalt – 21 **marrant, marrante** drôle

mais sympa. Je le connaissais pas avant, on a parlé longtemps pour préparer le procès, et il a retenu tout ce que je lui avais dit. Enfin un qui écoute. Il m'a bien défendu, même s'il a un peu arrangé les choses : élève moyen mais sérieux, parents fonctionnaires, adolescent en rébellion contre l'autorité, petit consommateur occasionnel, mais pas dealer… Il a dit que j'étais la cible de fausses accusations de trafic, que le lycée n'était pas connu pour avoir des problèmes de drogue, que la plupart des contrôles n'avaient rien donné d'ailleurs. Il a ajouté que mes parents portaient plainte contre les policiers pour coups et blessures volontaires.

Le juge, c'était une juge, assez vieille et assez ridée, elle parlait d'une voix calme, on sentait bien que c'était elle le

---

3 **retenir qc** se souvenir de qc – 9 **un consommateur occasionnel** *ici :* une personne qui consomme de la drogue de temps en temps – 10 **une cible** Zielscheibe – 15 **d'ailleurs** übrigens – 16 **porter plainte pour coups et blessures** Anklage wegen Körperverletzung erheben – 17 **volontaire** voulu – 18 **un, une juge** la personne qui juge – 19 **ridé, ridée** faltig

chef du tribunal. Une fois, le procureur lui a coupé la parole, elle l'a flingué sans élever la voix, il a plus osé l'ouvrir. Franchement, à côté d'elle, même

5 M. Lopez il manque d'autorité ! Pendant que le procureur parlait elle lisait mon dossier comme si elle était seule à son bureau. Mais quand mon avocat a commencé, elle a levé les yeux vers moi,

10 par-dessus ses petites lunettes. Elle m'a regardé droit dans les yeux. Elle avait un air super sévère, mais à force de se fixer comme ça, j'ai vu qu'il y avait pas de méchanceté dans ses yeux…

15 À la fin, malgré l'autre excité, j'ai obtenu un sursis et une amende, et je suis pas retourné dans la pisse et le désinfectant. Il y en a dans d'autres classes qui ont pas eu autant de chance. Ousmane est

20 retourné en prison, sa mère peut même

2 **couper la parole à qn** interrompre qn – 2 **flinguer qn** *fam* critiquer qn – 3 **élever la voix** parler plus fort – 10 **par-dessus** über – 12 **sévère** dur, strict – 12 **à force de faire qc** durch etw / indem man etw tut – 15 **obtenir** *ici :* avoir – 16 **un sursis** Bewährung – 16 **une amende** Geldbuße

pas lui faire passer des gâteaux. Djédjé il est tombé à son tour, l'équipe de foot, elle a plus d'entraîneur…

Mon père aussi a eu des problèmes. Ça ⁵ a dû chier grave parce qu'il a refusé d'en parler, même à ma mère. On sait juste qu'il a eu l'engueulade du siècle avec ses chefs. Il paraît qu'on l'entendait jusque dans la rue. Ils l'ont menacé d'une ¹⁰ enquête disciplinaire. La pression a pas été suffisante pour le faire démissionner, mais il paraît que sa carrière va s'arrêter là de toute façon. Il dit qu'il veut quitter la police. Il dit qu'il en a marre. Il dit ¹⁵ qu'il regrette. Sans blague !

Il a insisté :

– Je regrette qu'une minorité d'extrémistes donne des forces de l'ordre de notre démocratie l'image

2 **être tombé** *ici* : être arrêté par la police – 3 **un entraîneur** une personne qui en entraîne d'autres à un sport – 7 **une engueulade** → engueuler – 10 **une enquête disciplinaire** Disziplinarverfahren – 11 **suffisant, suffisante** en quantité assez grande – 11 **démissionner** kündigen – 16 **insister** mettre l'accent sur qc – 17 **une minorité** Minderheit

d'une horde déchaînée qui fait peur aux gens, et de notre gouvernement l'image d'un État fasciste.

J'ai dit :

5 – Tu peux répéter plus lentement ?

Il a fait comme s'il avait pas entendu. Il m'a redit :

– Je m'excuse.

J'ai répondu :

10 – Pourquoi tu t'excuses ? Toi t'as rien fait, c'est moi, c'est ma faute.

Il a hurlé :

– Non, non et non !!!

– Hé, c'est bon, lâche-moi ! J'ai fait 15 quoi ? Pourquoi tu m'engueules encore ?

Ma mère s'est interposée :

– Qu'est-ce que c'est que cette histoire de faute ?

– Ben ouais, si j'avais pas fumé à côté 20 de lui, jamais ils l'auraient contrôlé, et il serait encore là.

---

1 **déchaîné, déchaînée** excité, violent – 16 **s'interposer** prendre la parole

Mon père a secoué la tête :

– Mais qu'est-ce que tu racontes ? Bien sûr qu'ils l'auraient emmené ! De toute façon, il était en sursis. Leur dossier était en attente à la préfecture, ce n'était qu'une question de temps avant qu'on les expulse.

– Alors il y avait rien à faire, quoi ?

– Pas grand-chose, non. C'est la loi.

– Donc, pour toi c'est normal ce qui s'est passé ?

– Mais comment peux-tu dire ça ? Tu es aveugle ou quoi ?! Tu ne vois pas ce qui se passe, ce qui nous arrive avec cette histoire ?

– Attends, ça c'est parce que j'étais là. Mais si c'était arrivé à Zaher seulement, vous auriez fait pareil ?

Il se sont regardés, ma mère a fini par dire :

---

1 **secouer la tête** dire non avec la tête – 5 **l'attente** *f* → attendre – 13 **aveugle** qui ne voit pas – 18 **pareil** *ici :* la même chose

– Oui, oui je crois qu'on se serait battus aussi. Français ou pas, aucun gamin ne mérite d'être traité comme ça.

– De toute façon, moi je suis plus français !

Mon père a posé sa main sur mon bras :

– Si, tu es français ! Si tu dis ça, tu les laisses te chasser, tu deviens un clandestin toi aussi. Si de telles choses arrivent, c'est que la loi française est mal faite, et ce sont les Français qui peuvent la changer. Personne d'autre ne peut le faire pour eux.

Je n'ai rien répondu, mais je n'ai pas retiré mon bras.

Aujourd'hui je retourne au lycée.

J'ai toujours ce mot qui résonne dans ma tête : clandestin.

Clandestin.

---

3 **un gamin** *fam* un enfant – 3 **traiter qn** *ici :* jdn behandeln – 10 **tel, telle** solch(e) –
15 **retirer** ≠ laisser

Clan-des-tin.

Clan, destin.

Mon clan, mon destin ?

Mon clan, c'est ceux qui m'entourent.
5 Ceux que je sens autour de moi, même s'ils sont pas là, physiquement je veux dire. Mon clan c'est mes potes. Zaher, évidemment. Et puis Ousmane, Smaïl, Déjdjé, Mike, Moussa, Patrick, Charlène,
10 Ismaël, et tous les autres qui ont été arrêtés et que je connais pas. Et ceux-là, c'est tous des Français.

C'est aussi mes parents, quand même. Et M. Lopez, et les autres profs
15 et les parents, tous ceux qui nous ont défendus. Et même la juge, quelque part.

Et puis mon grand-père mort en Algérie, même si je l'ai pas connu. Et
20 Najmûdin aussi. J'ai pas besoin de les

---

3 **un clan** un groupe fermé de personnes (amis, famille) – 3 **un destin** Schicksal –
4 **entourer qn** *ici* : aider – 6 **physiquement** ≠ mentalement

rencontrer pour savoir qu'ils font partie de mon clan, c'est comme ça.

Mon destin, ben pour commencer, c'est de retrouver Zaher. Et puis après, je sais
5 pas encore, mais je vais trouver. Et sans conseiller en orientation de destin ou quoi. Ce qui est sûr, c'est la première chose que je vais faire en arrivant : je vais prendre en photo la calligraphie
10 de Zaher, avant que quelqu'un l'abîme. Puis je vais apprendre le pachtoun, mais comme il faut, toute la langue en entier, pas que les insultes. Et dès que je saurai, je pars en Afghanistan. Je pars à
15 sa recherche.

Comme indications j'ai quasiment rien : juste ce que je connais de son histoire, de sa famille, la carte qu'il nous a donnée, et puis la seule photo que
20 j'ai de lui, c'est celle que j'avais faite. Il

---

10 **abîmer qc** mettre en mauvais état – 16 **une indication** *ici :* une information –
16 **quasiment** presque

va falloir que je trouve le reste par moi-même.

J'emporte mon appareil pour photographier mon voyage. Pour plus
5 avoir à retenir les clics dans ma tête, pour les prendre en vrai, les photos, sans me cacher. Je veux aussi apprendre à les développer, à les tirer sur papier, j'en ai marre de faire des fausses photos, des
10 photos qui n'existent pas, des photos sans papier, elles aussi. Comme métier je ferai ça, photographe. Ou bien prof d'histoire, c'était pas une connerie. Ou journaliste, peut-être, mais alors, pas
15 à la télé. Je suis pas fixé. Ce qui est sûr c'est que jamais je ferai flic.

---

3 **emporter qc** amener qc avec soi – 8 **développer** *pour des photos* entwickeln – 13 **une connerie** *pop* une bêtise – 15 **ne pas être fixé** *ici :* ne pas encore le savoir exactement

Mais ça c'est pour plus tard.

Pour l'instant je retourne au lycée.

Je retourne au lycée sous le regard des autres.

5   Je retourne au lycée et je me sens quand même seul.

Je retourne au lycée et j'ai peur.

C'est ma faute.

Biographie

Vincent Karle est né un certain 29 avril, il y a environ trente ans. Le 29 avril 2006 il achève à Dublin son premier roman, *La brume & la rosée* (éditions
5 Castells), premier épisode d'une saga irlandaise. Le reste n'est que rumeurs. Certains affirment l'avoir croisé plusieurs fois en Irlande, et il se murmure qu'il écrirait depuis de nombreuses années…

En 2008 des policiers expulsent des enfants sans
10 papiers d'une école à côté de chez lui. Colère, tristesse, peur : sous le coup de l'émotion il écrit *Un clandestin aux Paradis.* L'accueil du livre chez les jeunes, les rencontres, salons et lectures qu'il fait dans la foulée le confortent dans son envie
15 de creuser la question. Il poursuit depuis un long travail de préparation pour un livre et une exposition sur des sans papiers, qu'il a rencontrés et suivis dans leur vie quotidienne : *OQTF / Portraits sans papiers* avec le photographe Guillaume Ribot.
20 Entre-temps il entame un roman sur la mémoire de sa famille, termine un conte, prend des notes pour un polar, écrit un poème, fait des chroniques à la radio, gravit une montagne, dort, aime, rêve… Et c'est tout. Pour l'instant.

---

3 **achever** terminer – 6 **une rumeur** Gerücht – 7 **croiser qn** rencontrer qn – 13 **un salon** *ici :* Messe – 20 **entamer** commencer – 22 **un polar** roman policier

Liste des abréviations

≠	antonyme de
→	mot de la même famille
°	après l'article, pas de liaison
abrév	abréviation
adv	adverbe
admin	dans la langue administrative
arg	argot
etw	etwas
f	féminin
fam	familier
fpl	féminin pluriel
interj	interjection
iron	ironique
jdm	jemandem
jdn	jemanden
m	masculin
mpl	masculin pluriel
péj	péjoratif
pop	populaire
qc	quelque chose
qn	quelqu'un
verlan	argot, langage qui inverse les syllabes
vulg	vulgaire
vx	emploi vieilli